AF242773

CONFUSION POLITIQUE

DANGERS, CAUSES, REMÈDE,

PAR

M. le Docteur DELASIAUVE

M. DANIEL GAVET ET SES PAGES INTIMES. — PRÉJUGÉS. —
ARGUMENTS EN L'AIR. — RÉFUTATION. —
PRESSE ET JOURNALISTES. — MONARCHIE ET RÉPUBLIQUE. —
CAUTIONNEMENT. — SUFFRAGE UNIVERSEL. —
VICES DU SCRUTIN DE LISTE DÉPARTEMENTALE. —
PAIX, CONCILIATION,
PROGRÈS PAR LE SCRUTIN DIRECT ET PARTICULIER :
UN DÉPUTÉ PAR COLLÉGE
DE TROIS A QUATRE CANTONS RÉUNIS

PARIS

AUGUSTE GHIO, ÉDITEUR

41, QUAI DES GRANDS-AUGUSTINS, 41

—

1873

CONFUSION POLITIQUE [1]

Pour apprécier équitablement un livre, il ne suffit pas toujours de le lire. La personne de l'auteur, les phases qu'il a parcourues, les milieux où il a vécu, les aspirations auxquelles il a obéi, indiquant le mouvement de ses pensées, sont autant de circonstances qui permettent d'en saisir l'origine, d'en reconnaître le fort et le faible, d'en juger la sincérité, de s'en expliquer même les contradictions, parfois choquantes en apparence. C'est de ce point de vue qu'on peut se faire une idée exacte de l'œuvre dont le titre précède. Il y a comme une quarantaine d'années qu'ayant rencontré M. Daniel Gavet sur ma route, je n'ai cessé, quoique à distance, d'entretenir avec lui des relations amicales. J'ai pu ainsi pénétrer ce qui, pour d'autres, demeurerait une énigme.

1. A propos d'un livre de M. Daniel Gavet : *Mes pages intimes*. 1 volume in-8, chez Auguste Ghio, 41, quai des Grands-Augustins.

M. Daniel Gavet était neveu de Cauchois-Lemaire. Bien jeune encore, il dut suivre sa famille dans l'Amérique du Sud, où il résida au Brésil et dans l'Uruguay pendant plusieurs années. Là, au cours de ses classes, il avait appris l'espagnol et le portugais, lorsqu'en 1825, de retour à Paris, son lieu de naissance, il termina ses études au collége Louis-le-Grand. La passion de la littérature saillit chez lui immédiatement, fiévreusement stimulée et entretenue par l'entourage de son oncle, dont la maison était un centre pour les écrivains d'avenir les plus distingués de l'époque. On lui doit, dès cette période, des traductions de l'espagnol et du portugais, des poésies, des articles littéraires, entre autres : les *Amours grecques*, *les Chroniques* de l'Orénoque et un roman en collaboration avec son parent Philippe Boucher, chapelain de Sa Majesté le roi de Hollande : *Jakaré-Ouassou* ou *les Tupinambas*.

Singularité du destin ! Un vent déprimant vint souffler sur une vocation pleine de promesses. En 1831, détourné par Plutus, le nourrisson des Muses entrait aux Finances, dans l'administration des domaines, en qualité de garde à cheval surnuméraire. Sa carrière depuis fut variée, sans sortir de l'ordre positif. En activité dans son premier grade, de 1832 à 1837, il obtint momentanément un emploi au ministère de l'instruction publique, passa, en 1839-1840, chef du cabinet du préfet de l'Aisne, fut nommé percepteur successivement à Espalion et à Niort, puis ayant, de 1846 à 1866, rempli à Amiens les fonctions de payeur du Trésor public, il échangea ce titre contre celui de percepteur de la même ville, qu'il garda jusqu'à sa retraite, en 1867.

La comptabilité, les chiffres, les relations officielles prêtent peu aux saillies de l'imagination. Il est difficile cependant, ayant le feu sacré, de ne pas revenir à la coupe qu'on a une fois savourée. M. Daniel Gavet, relégué dans l'arrondissement de

Dreux, ne tarda pas à y fonder, avec le concours de quelques amis, un journal, le *Druide*, où il publia divers fragments poétiques et littéraires. Anet, où il résidait, vit par ses soins s'organiser des représentations théâtrales. Plus tard, malgré la crainte de paraître déroger à la gravité administrative, il n'en continua pas moins, mais en silence, à sacrifier à ses goûts une part de ses loisirs. C'est ainsi qu'en 1860 fut édité, sous le voile de l'anonyme, un charmant livre, *la Magie maternelle*, dont nous avons rendu compte dans le *Journal de Médecine mentale* (janvier 1865), et où, assimilant aux effluves magnétiques l'influence de la femme, il en développe d'une manière supérieure le pouvoir éducateur et social.

Ses *Pages intimes* fournissent une nouvelle preuve de cette préoccupation constante. Ce volume, sorte de recueil quotidien, renferme, condensées dans ses 700 pages, grand-in-8°, à texte serré, les impressions, jour à jour, de l'auteur dans une période de douze années, entre 1860 et 1872. On se figure d'avance la nature d'un pareil répertoire. Les sujets s'y succèdent, sans cohésion, innombrables, au hasard des circonstances qui les amènent. Les jugements mêmes, bien que dominés par un esprit général, offrent souvent des teintes disparates, selon l'occasion ou les dispositions du moment. On aurait lieu surtout de s'étonner des écarts d'imagination auxquels les derniers événements ont conduit M. Gavet, si, eu égard à son tempérament fantaisiste, on ne tenait compte du cercle de ses habitudes rêveuses.

Spirituel, instruit, d'un caractère aimant et sympathique, il se complaît dans la société dont il fait le charme. Mais, contemplatif, il ne lui sacrifie pas son indépendance. Ses plus doux moments sont ceux qu'il passe dans une méditation studieuse et solitaire, face à face avec ses pensées, ses livres et ses souvenirs d'amitié. L'ambition l'a à peine effleuré, et, dans son effroi instinctif de nuire à cet équilibre, il a oublié jusqu'à la recherche des douceurs de l'hyménée. Sa carrière a eu d'autant moins de rides qu'il n'a jamais fatigué beaucoup l'autorité de ses obsessions. Enveloppé dans le monde officiel, administratif, judiciaire et religieux, où il est choyé et fêté à l'envi, il n'en a vu que les aspects séduisants, pour ne pas dire poétiques. Au contact des petits intérêts de la bureaucratie, du journalisme bien pensant, surtout des conversations féminines, il en a épousé les idées, les préventions et le langage. La Révolution se résume pour lui dans la légende du roi martyr. Il salue l'épopée impériale. Le 2 décembre s'amnistie comme acte sauveur. Ce n'est pas de son propre mouvement que le héros de Sedan a déclaré la guerre à la Prusse; il y a été poussé par le parti libéral : témoin ces bandes hurlant sur les boulevards : à Berlin! et M. Ém. de Girardin, le républicain farouche que l'on sait, vociférant le même cri au théâtre. Nous ne sommes pas mûrs pour la République : elle veut des vertueux, fruit probablement inutile dans la monarchie, qui ne s'est jamais empressée de le faire éclore. La religion, sous-entendu le cléricalisme, est le bouclier de la morale. Fi ! d'ailleurs, de la politique. Un moment M. Gavet a partagé le travers de s'en occuper; il déclare en être guéri, et, pour le prouver sans doute, comme M. Jourdain faisait de la prose sans le savoir, il continue de politiquer à outrance. Il va si loin que, dans un appendice *ad hoc*, il reproduit ce pamphlet inconscient où, sous le couvert d'une lettre à M. Thiers, M. de Carayon-Latour menace audacieusement la paix publique. La misère l'émeut; il n'y connaît de remède que la charité. Des bourses s'ouvrant, des mains répandant l'aumône : tel est son idéal; et, naturellement, ses défiances ou ses dédains sont pour les utopistes, qui, se creusant bêtement le cerveau à sonder la profondeur des plaies, s'imaginent qu'il y a quelque chose de plus à faire.

Ce nous était un devoir de signaler à notre bon vieil ami des énormités qui constituent le très-grand péril du pays. Parmi les gens d'élite, il n'est pas le seul, hélas! qui méconnaisse à ce point et notre époque et ses besoins. Décliner sa compétence et ne pas s'abstenir, quel contre-sens bizarre! Ceci, heureusement, ne s'applique qu'à la portion finale du livre. Divisées par numéros, les matières n'en comportent pas moins de deux mille cinq cent vingt-cinq, dont deux cents au plus ont trait à la politique, la masse des autres se répartissant sur la littérature, les sciences, la philosophie, l'éducation, la législation, la morale, les arts, l'hygiène, les professions, la gymnastique, etc., etc., c'est-à-dire sur un terrain neutre, où la vue conserve sa netteté et sa force.

L'auteur a suivi, année par année, un ordre purement chronologique. Une autre marche n'était guère possible. Chercher un classement méthodique de tant de matériaux hétérogènes eût été remanier sans profit un travail tout fait. On aime au contraire, dans cette succession d'esquisses improvisées où l'homme se révèle, à saisir les manifestations quotidiennes de sa conscience. D'ailleurs, une table très-détaillée donne un moyen facile de rapprocher les sujets similaires. Çà et là peut-être aurions-nous à faire quelques réserves; tout tableau a ses ombres! Mais dans l'ensemble, où s'enchevêtrent, pêle-mêle, tous les genres, où s'entre-coudoient La Rochefoucauld et La Bruyère, Voltaire et Rousseau, Boileau et La Fontaine, Legouvé et Sainte-Beuve, Mesmer et Gall, la somme des documents accumulés, des traits spirituels, des aperçus ingénieux, des observations délicates, des réflexions profondes, des faits et des expériences, constitue pour le lecteur qui voudra s'en pénétrer une richesse incalculable.

M. Gavet sent vivement, il peint de même. Son style, original et coloré, a parfois une rare énergie. Il s'en exhale surtout un parfum d'honnêteté qui élève et épanouit. Le dessein ostensible de l'auteur, c'est un ardent amour de ses semblables, un vif désir de les améliorer. C'est pourquoi, particulièrement, l'enfant et la femme y occupent une place exceptionnelle.

Au milieu d'un parcours aussi vaste, on conçoit l'impossibilité d'entrer avant dans l'analyse. Ouvrons le livre et essayons, par l'examen d'un seul point, de justifier nos précédentes remarques. — Le n° 339, sur lequel je tombe au hasard, est intitulé : JOURNALISME. Ce thème, sous les diverses rubriques JOURNALISTES, JOURNAUX, PRESSE, figure dans vingt autres numéros. M. Gavet n'est pas tendre pour la liberté d'écrire. Ce n'est pas qu'il ne lui adresse parfois des hommages platoniques. Elle a du bon; mais combien, en France, ont été de tout temps funestes les dangers de l'abus! Anglais, Belges, Suisses, Américains s'en accommodent; nous n'avons ni leurs mœurs, ni leur tempérament. — 191. « Le journalisme a plus étouffé que produit de talents. » — 183. « La presse crie au martyre, au viol de son *sacerdoce* parce que la loi Guilloutet lui ôte l'énorme privilége, de diffamer la vie privée. » — 219. « Est-ce dans le mal qu'elle a fait, qu'elle fait et fera qu'elle s'imagine un droit à l'impunité qu'elle réclame? » — 255. « Elle manipule des matières toxiques et incendiaires, et l'on hésiterait à lui appliquer, à l'instar de la pharmacie et des établissements insalubres, des mesures préventives et des mesures légales! » — 279. La presse, non moins dangereuse que la chasse, ne saurait être exonérée « de la surveillance, du port d'armes, du permis et des punitions. » — 429. « Conciliez la liberté de la presse et la mienne; pour moi, j'y renonce. » — 451. « La presse croit justifier sa liberté illimitée en se comparant à la langue ou à la lance d'Achille. Elle oublie que les délits de langue furent punis et que plusieurs meurtres ont été causés par la lance du bouillant Achille. » — 454. « Va pour cette liberté, mais qu'on donne un droit illimité contre elle. » Le privilége de l'impunité serait le plus monstrueux. — 490. « On demande la liberté de la presse ; elle n'est donc pas libre ? » — 327. Elle veut la liberté illimitée, sous promesse d'accomplir le bien qu'elle n'a pas fait jusqu'ici. « Nous serions fous de l'écouter ; nous le sommes, car on lui cédera. » — 1005. M. Gavet s'humanise : « Je me demande avec effroi à quelle époque notre maturité politique, les défauts de nos qualités et une commune bonne volonté nous rendront dignes de cette liberté magnifique et dangereuse. » — 1268. Espérons que l'avenir trouvera « une méthode propre à faire tourner les mensonges de notre journalisme au profit de la vérité historique. Je le prévois, néanmoins, si habile qu'elle le rende dans le pressentiment des *contre-vérités*, fort désorienté en présence d'une feuille qui, d'hasard, n'aura pas menti. » — 453. « Les journalistes se disent et sont de vrais martyrs, car ils le sont volontairement, au gré de leurs petits commerces ou de leurs grandes industries. » — 1851. « Le prestige des avocats a précédé et engendré celui de la presse périodique... c'est entre eux une société d'assurance mutuelle de concours, de secours et d'admiration... » En descendant du rang des dieux, le barreau a entraîné la presse ; elle a perdu son auréole, « et le journaliste reste. » — 2230. Nous sommes en 1868 ; M. Gavet parlemente : « Acceptons maints dangers, habituons-nous à d'étranges menaces... » Hélas ! nous n'avons que le choix entre des avertissements émanés de la prudence du Pouvoir ou la servitude émanée des factions. » — 2232. Moralité publique et privée, talent, science, courage, seconde vue, patriotisme, les journalistes ont tout, dit ironiquement M. Gavet, s'étonnant que les pères de famille ne les recherchent pas exclusivement pour gendres. — 2252. Presse et femme perdraient à conquérir leur entière indépendance. De l'une et de l'autre, le prestige qui s'attache aux victimes s'évanouirait au plein soleil d'une liberté périlleuse. — 2265. Pour que la presse n'eût que des bienfaits, il faudrait que, se disciplinant elle-même, elle arrivât au discrédit, en ce sens qu'au lieu de s'imposer comme directrice, elle se bornât à refléter l'opinion, à être un rouage, non un moteur, la publicité de l'opinion, non l'opinion de la publicité. — 2278. En admiration devant cette loi Guilloutet, si grotesque qu'elle n'a point été pratiquée, l'auteur dénie aux purs du *sacerdoce*, à la presse du *grand chemin* ou du *coin de rue*, la liberté absolue de nous mordre à leur gré. — 2291. Certaine latitude, en 1869, avait été accordée à la presse. M. Gavet s'en émerveille avec tristesse, en signalant l'ingratitude de l'opposition, qui a le mauvais goût de trouver la restitution médiocre. — 2369. Le flot monte ; la loi du jury, en 1870, se dresse comme un épouvantail devant l'imagination de notre ami. Cette réédition d'une institution *débonnaire* par un ministère pavé de bonnes intentions lui paraît recéler dans ses flancs d'immenses cataclysmes : « Dans sa haute générosité, dans sa profonde sincérité, le souverain s'égare jusqu'à l'utopie. » — 2362. Enfin, pour ne rien omettre, M. Gavet affirme, comme dernier trait au tableau, que les journaux se parent de leurs erreurs, les jugeant « utiles, nécessaires, précieuses, et une des conditions fondamentales de la vérité. »

Naturellement, j'ai dû passer sous silence les commentaires et les gauloiseries dont M. Gavet assaisonne ce qu'il croit des arguments sérieux. Ces arguments mêmes, je ne les aurais point relevés pour le vain plaisir de montrer à quelles fantaisies, dans certaines conditions, le quiétisme expose les esprits les plus réfléchis. Mais, serinées au sein du foyer domestique par des gazettes interlopes qui n'y ont point de contre-poids, ces fantaisies enfantent un monde de chimères et de craintes. On vous les jette à la face. La frénésie, de la femme gagne le mari, les enfants, les commensaux. Les deux tiers des classes dirigeantes composent ainsi, à leur insu et contre leur propre intérêt, un camp hostile à la société tout entière; de là tant de conflits ardents et d'épouvantables catastrophes.

Si là est le péril, il importe que la lumière en éclaire l'origine.. M. Gavet n'a rendu que les sons de sa cloche; il a négligé, il n'a pas vu le revers de la médaille. La presse est une force. Comme l'eau de la rivière, elle appartient à tous ; tous ont droit à son usage. En principe, le cautionnement équivaut à une insurrection. Il en est de même de toutes les mesures qui empêchent et restreignent la diffusion des pensées. Leur moindre inconvénient est de violer l'équité. Elles ont, sous une infinité de rapports, les plus déplorables effets. Les gens honnêtes qu'elles privent en conçoivent une amertume dont leur dignité souffre et qui les induit à la résistance. Il est inévitable, d'autre part, que les privilégiés abusent : le pouvoir, pour affermir son autorité; les nobles, pour éterniser leur caste; les financiers industriels, pour assurer le succès de leurs spéculations véreuses; et, ce qui pis est, dans les bas-fonds du savoir et de la littérature, grouillent une foule de pauvres hères qui se font, à la solde des dominateurs, par inconscience ou nécessité, des spadassins de la plume. Le public est infecté, et, à force de mauvaises maximes, de ruses, de cynisme et de violence, toutes les couches sociales arrivent à une démoralisation absolue.

A l'instar du juge qui confond le délit avec le délinquant, M. Gavet, asservi aux causes immédiates, ne remonte point aux causes réelles. Toute monarchie lui est sacrée. Eût-elle commis les plus horribles méfaits, jamais il ne lui demande compte. La triste fin de Louis XVI apitoie tout cœur sensible; est-il impartial de l'isoler des événements qui l'ont amenée? La Saint-Barthélemy, les assassinats de Henri III et de Henri IV, le règne de Louis XIII, la Fronde, les guerres incessantes de Louis XIV, sa révocation de l'édit de Nantes, les orgies de la Régence et de Louis XV : que de crimes, de désastres et de

hontes! Un triste legs était échu à Louis XVI avec la couronne.
À la détresse financière s'ajoutaient l'antagonisme des classes
et la dissolution de son entourage. La fatale exécution ne fut
que le dénouement d'une longue lutte, aggravée par les inso-
lences de la noblesse, les répressions sanglantes, les intrigues
de la cour, l'émigration et son rôle odieux à l'étranger, la fuite
de Varennes, et, finalement, la complicité du monarque dans
une pseudo-guerre concertée avec l'ennemi, en faveur de la
dynastie et du despotisme.

Bonaparte, si surfait à part son talent militaire, ne fut qu'un
heureux criminel. Washington s'offrait en exemple. Après le
coupable attentat de brumaire, Bonaparte, d'audace en audace,
atteint bientôt les sommets du despotisme. Les citoyens, ce
journalisme si craint de M. Gavet, tout fléchit sous sa volonté
impérieuse. Et qu'y gagne la France? Une double ruine en
hommes et en finances, et la honte de deux invasions. Après
succèdent, sous Louis XVIII, la Terreur blanche, sans motif et
sans vergogne; puis, sous le dévôt Charles X, l'intrusion jésui-
tique, les cabales de l'ancien régime et la suppression de cette
charte anodine où l'on voit fonctionner, à côté d'une pairie
aristocratique et héréditaire, une chambre élective choisie
entre les éligibles à 1,000 francs par un corps de vingt-cinq
mille censitaires à 300 francs.

Mais pour nous en tenir aux règnes préférés de M. Gavet,
quel fut Louis-Philippe, si ce n'est un finassier, usant de petits
artifices pour accroître sournoisement son pouvoir et écarter les
hommes indépendants qui n'eussent pas favorisé ses vues? La
presse, dit-on, l'a tué; au moins s'était-il suicidé d'avance. La
loi électorale de 1831, en excluant les capacités, avait fabriqué
le lacet qui l'étrangla. Il s'était aliéné l'idée, qui est la force. S'il
avait élargi sa base, il eût eu chance de mourir sur le trône et
de donner une courte longévité à sa dynastie. Sa monomanie

invétérée par l'âge, il s'est obstiné. Sa chute, comme celle de Charles X, fut une expiation.

Quant au malheureux qui nous a perdus, il faut un singulier aveuglement pour apercevoir dans ce caractère sombre autre chose qu'un conspirateur opiniâtre sachant, ce qui est aisé, tant ils sont empressés aux avances, s'entourer de gredins capables de tout oser et de tout faire. Je l'ai toujours comparé à un joueur ivre battant les murailles. Simplement honnête, il aurait pu, dans une position splendide, être l'arbitre des nations, le génie tutélaire de la France. Il n'a su que comploter dans l'ombre avec ses compagnons d'orgie. Le guet-apens du 2 décembre pouvait le conduire à Toulon. Au succès il a dû l'impunité et des ovations. Mais le remords a commencé son œuvre; car il a senti, dès ce moment, que son crime avait ouvert entre les vrais honnêtes gens et lui un abîme infranchissable. Le sol n'a cessé de trembler sous ses pas. On ne saurait expliquer autrement sa marche incohérente et les soubresauts de sa con - duite.

En tous cas, les griefs de M. Gavet contre la presse sont au moins fort étranges. Où donc était sa liberté pour qu'on lui en reprochât les écarts? L'Empire, pendant dix-huit ans, a eu seul la parole. Tous les journaux avancés avaient disparu. Les *Débats*, le *Siècle*, vivaient sous le bon plaisir. Un mot malsonnant les aurait fait suspendre. Le reste était officiel ou officieux· Malgré le droit de vie et de mort, on n'accordait d'autorisations, rarement d'ailleurs, qu'aux amis et familiers, jamais aux suspects de velléités opposantes. Semblable interdiction pesait sur les réunions et les conférences. Où donc mon ami a-t-il pris le cauchemar de la liberté de la presse, qui plus est, illimitée?

Le secret se devine. Ceux qui exploitaient la France ne manquaient pas de ficelles. Il fallait abuser l'opinion et du sac tirer plusieurs moutures. Le procédé était vulgaire ; on le crut, non sans quelque raison, infaillible. On se paya le luxe d'une presse versicolore. Elle eut ses combats simulés. Telle feuille, dans les bons moments, se permettait des hardiesses d'opposition incroyables ; telle autre avait la spécialité des propositions excentriques. Nombre de naïfs se laissaient prendre ; par d'habiles manœuvres, on s'efforçait de soulever une agitation factice. Ces fausses attaques, qu'on feignait parfois de réprimer par des interdictions momentanées ou des poursuites, avaient surtout l'avantage de servir d'aliment à la polémique du clan plus ostensiblement gouvernemental, et de justifier le maintien du *statu quo*.

Un journaliste fameux avait flairé cette tactique ; et, à l'affût de l'opportunité, semblait se faire un amusement de la seconder de son mieux. Ce supra-libéral, que, presque toujours, on voyait surgir à contre-temps, dès qu'il s'agissait de quelque liberté à frapper ou d'une mesure équitable à prévenir, se posait tout à coup en matamore de réformes. Sous sa plume jaillissaient les projets abracadabrants. La poule au pot... fi ! Je vous offre les banquets de l'Olympe. Au quart, à demi, la liberté d'écrire n'obtient que ses dédains ; il la veut entière, illimitée, sans conditions ni pénalité. Sur tous les tons, il répétait ce refrain, à la grande jubilation du pouvoir.

A peine avait-il donné sa note, que la cohue de la presse départementale, obéissant à un mot d'ordre, avait son tour de concert. Elle tombait avec fracas sur le malencontreux énergumène, dépeçait ses idées, bafouait ses utopies et se ruait, furibonde, sur le parti républicain, rendu solidaire. Notre confiant ami était dupe de ce manége. Ce qui me surpasse, c'est que l'instinct, à défaut de la réflexion, ne l'ait pas averti du piége. La vérité est que jamais l'opinion la plus avancée n'a professé la thèse de la liberté illimitée de la presse ; que, loin d'approuver cette théorie extravagante, elle l'a vigoureusement combattue et n'a cessé de voir, dans celui qui la mettait en avant, un farceur aux allures suspectes.

Tout délit implique répression, par quelque voie qu'il se produise. Ce qu'en tout temps ont demandé les gens raisonnables et loyaux, c'est, non pas une licence scandaleuse, mais la liberté tout court, sous la responsabilité de quiconque en use. Ni cautionnement ni entraves; des lois justes, et, pour les appliquer, des juges impartiaux. Il suffit d'un sens droit pour trouver la mesure. Le spectre de la liberté illimitée a empêché M. Gavet de la reconnaître.

M. Gavet s'est laissé leurrer par une autre bamboche émanant de la même officine. La réaction, dès qu'on la pousse, fait volontiers litière des folliculaires qu'elle soudoie. Ils valent peu, elle en convient, mais, ajoute-t-elle, en façon de circonstances atténuantes, tout le journalisme en est là, le métier le veut. Ce langage, notre ami le répète, comme s'il était possible de confondre le pourfendeur gagé pour le mensonge et le scandale avec l'écrivain honnête qui, libre d'attaches, n'est mû que par le désir de faire prévaloir le bien, le beau, le droit et la vérité. C'est l'histoire de ces personnes mal famées que stigmatise Molière, et qui, pour se soustraire à la honte de leurs vices, s'évertuent à en couvrir leur sexe tout entier.

L'écho retentit des excès de la presse. Mais dans quel camp se produisent-ils avec le plus de cynisme? N'est-ce pas précisément dans celui que M. Gavet n'a visé dans aucune de ses pages? L'oppression appelle la résistance. Si, de ce côté, quelque vivacité se montre parfois dans la revendication, au moins repose-t-elle en général sur des griefs qu'il conviendrait d'étudier et de faire disparaître. En se refusant obstinément aux conditions de l'égalité, en s'efforçant, *per fas et nefas*, de conserver d'injustes priviléges, l'oppresseur est presque forcément enclin aux moyens violents ou captieux, aux lois restrictives, à la répression brutale, aux intrigues et à la ruse. Au fond de nos conflits, il y a toujours eu quelqu'un de trop : sous la royauté, le roi ; sous l'empire, l'empereur. La monarchie, ombrageuse parce que virtuellement elle est une excitation permanente à la révolte, ne saurait vivre sans broyer le citoyen dans le double étau de la force publique et d'une législation sévère.

Cette forme est essentiellement antisociale. Elle émascule les peuples, en les privant de leurs droits les plus sacrés. A leur moindre frémissement, le monarque se trouble, et son unique préoccupation est d'assurer l'immobilité sur tous les coins du territoire. Il est un obstacle à cet essor viril, à cette émulation puissante qui naissent des relations libres et expansives, font concevoir les belles résolutions et réaliser les plus nobles entreprises. Chacun s'isole ; le voisin se défie du voisin, le jalouse et vit avec lui dans un perpétuel antagonisme. Les classes élevées dirigent à leur profit le mouvement dont elles ont l'initiative. Il se forme dans leur sein des castes avec lesquelles le pouvoir doit compter et qu'il protége en échange de leur appui. Le progrès marche d'un pas boiteux, dans la limite de leur égoïste indolence. Les coteries, solidarisées par le népotisme, se cantonnent dans leurs priviléges, barrant la route à tout ce qui leur porte ombrage. Néanmoins, les idées percent à travers les difficultés ; la science révèle des perspectives inattendues, et l'imitation invite à des applications qui nécessitent des auxiliaires intelligents. Chez ces nouveaux venus, à mesure que leur nombre s'accroît, la pensée fermente : ils voient, réfléchissent, aspirent. Eux aussi, choqués d'inégalités flagrantes, veulent, par de consciencieux efforts, se frayer une voie au bien-être et à l'indépendance. Hélas ! ils calculent sans les écueils et les embûches. Alors commence cette lutte rémittente qui aboutit momentanément, tantôt à des concessions forcées, d'autres fois à des répressions farouches ou à des renversements de trônes.

En fait d'intimidation et de rigueurs, la réaction surtout ex-
celle, quand elle est victorieuse. Ce douloureux spectacle n'a
pas été épargné à notre pays.

M. Gavet l'aurait compris si, dans des sujets de la plus haute
gravité, s'abstenant d'un jugement, de son aveu, incompétent,
partant téméraire, il fût, comme c'était son droit et son devoir, descendu dans l'analyse des faits sociaux. Ces conflits dont
tous les honnêtes gens s'affligent avec lui, le préjugé lui
en voile les causes. La nature humaine est partout la même.
Sous toutes les latitudes, et quelle que soit la diversité des apti-
tudes et des penchants, chacun, plus ou moins sciemment, a soif
d'égalité et de justice. Si, aux États-Unis et en Suisse, la liberté absolue de la presse et des réunions n'atteint la sécurité
de personne, c'est une funeste erreur de croire que cela dépende
du tempérament. Les institutions font les mœurs. A ce propos,
M. Gavet dépose contre lui-même. Il n'a point su s'affranchir
de son entourage.

Ni la monarchie ni l'aristocratie n'ont de racines en Suisse
ou aux État-Unis. L'autorité militaire est nulle, et l'État n'in-
tervient point dans les cultes. Contre quelles tyrannies pourrait
s'exercer l'éloquence des journaux et des clubs? Le don-quichot-
tisme n'est qu'une monomanie isolée. On ne s'escrime point
contre des moulins imaginaires. L'arme non contestée et chère
à tous ne saurait être et n'est pour chacun qu'un moyen inof-
fensif d'agir efficacement sur la marche des affaires, de mani-
fester ses préférences pour tels ou tels personnages, de pour-
suivre la solution de certaines questions, de lancer des entreprises ou de défendre des intérêts particuliers. Ce résultat, dé-
duit du bon sens, l'expérience l'atteste.

Quoi de surprenant! la République est, par essence, la seule
forme de gouvernement légitime et féconde. La royauté, mère
des priviléges, fomente la division des SUJETS et menace les

peuples en exaltant leurs rivalités. Il lui faut, pour asservir les corps et les âmes, l'obscurantisme et le militarisme : deux sources d'aplatissement et de ruine. Au rebours, tutrice des libertés, des droits et des progrès, la République appelle les lumières, suscite les généreuses ardeurs, engendre les dévouements sincères, tend à la conciliation des CITOYENS et à la solidarité des nations. Chez elle, l'école supprime le pénitencier, la mutualité l'hôpital. Au soldat succède le laboureur, au chassepot le soc de charrue. Le prêtre devient un apôtre. L'humanité, en un mot, vogue en plein courant vers ses suprêmes destinées.

En France, on reproche à la République d'avoir sombré par ses propres fautes. J'imagine que les coupables menées des royalistes ont singulièrement poussé à la roue. Si, dès le principe, ils avaient seulement souffert *un essai loyal*, elle se serait consolidée, et, bien loin d'être endettée jusqu'à l'effondrement, elle aurait aujourd'hui deux cents milliards qu'elle n'a pas. L'Europe aurait emboîté le pas de cette première élue. Même, après des désastres inouïs, sans l'acharnement de ses aveugles adversaires, elle ressaisirait promptement le rang dont un pouvoir inepte a fait déchoir le pays. Sur le chemin de la civilisation, aucun peuple du monde ne nous semble aussi près de la dernière étape. Égalité en naissant, liberté de conscience, séparation des Églises et de l'État, droits réciproques au suffrage, à l'instruction, à la liberté des réunions et de la presse, à toutes les institutions de production et d'assistance : tout cela est inscrit et en puissance dans la Constitution. Le malheur est qu'on s'obstine à dénaturer ces bienfaits par une légalité suspecte. Notre centralisation politique serait, d'ailleurs, admirable, si on voulait lui donner son complément logique par l'affranchissement administratif des départements. On aurait ainsi une organisation parfaite, capable de soutenir la comparaison avec le régime américain et qui, imitée par l'Espagne, lui éviterait peut-être le péril d'un fédéralisme imminent.

La France tient le port. Des fils, en proie à un sinistre vertige, tentent de l'en arracher pour la rejeter dans une mer agitée par l'orage. Ne leur soyons pas cependant trop sévères. L'ignorance et l'erreur se dissipent rarement d'elles-mêmes. Avec les meilleures intentions, ne s'en serait-on pas rendu complice en laissant subsister, même en créant des conditions plus faites pour les entretenir que pour les atténuer? Les hommes ne sont souvent que les agents inconscients des catastrophes qu'on leur impute. Pour nous, Cassandre inécouté, tous nos maux ont un point de départ bien supérieur à toutes les malfaisances collectives ou individuelles que, mutuellement, on se jette à la face. Il est, ce point de départ, dans la loi électorale elle-même.

Du suffrage universel, qui, symbole d'une civilisation définitive, contenait notre rédemption, elle a fait une arme dommageable par le mode détestable qu'elle a institué. Un matin des premiers jours de mars 1848, je souriais à l'avenir : arrive mon journal, où je lis : « Les électeurs sont appelés à voter... par scrutin de liste départementale. » Le ciel, rembruni à l'instant, se remplit d'horribles spectres. En proie à de noirs pressentiments, je cours au Petit-Luxembourg. Là, dans le cabinet de Dupont de l'Eure, en présence d'une vingtaine d'assistants, je m'écriai qu'on venait de mettre la France en péril. Cette exclamation, bien des fois, hélas! en vain je l'ai renouvelée.

Le scrutin de liste départementale, c'est le vote aveugle, la nation scindée en deux camps, la guerre des principes, la liberté des électeurs forcément inféodée aux comités, la capacité sacrifiée à la position, l'étoffe primée par la couleur, la stérilisation des réunions électorales, le champ ouvert aux surprises, aux intrigues et aux déloyautés ; pour résumer en un mot tous ces vices : c'est la calomnie du suffrage universel.

Ma conviction est profonde : sans le scrutin de liste départementale, nous n'aurions eu : en 1848, ni les journées de mai et de juin, ni la présidence princière ; en 1849, ni la législative monarchique, ni la campagne de Rome, ni consécutivement l'empire ; en 1871, ni les conspirations anti-républicaines, ni la Commune. Mais telle est l'irrésistible tyrannie d'un préjugé que, malgré l'évidence palpable de mes démonstrations et la cruelle vérification de mes pronostics, je n'ai pu réussir, notamment par une série d'articles publiés en février et mars 1871 dans la *Cloche*, même à provoquer la controverse dans les journaux sur un objet aussi capital. On a peu d'exemples d'un entêtement pareil à celui de la plupart des républicains pour le scrutin de liste par département. C'est se montrer suspect à leurs yeux que de hasarder, sur ce point de leur *credo*, la plus légère critique.

A la place du mode défectueux dont nous venons de voir surgir les calamités, les complications et les non-sens, il était si naturel d'inaugurer le scrutin direct et particulier : un député par collége. L'induction y concluait logiquement ; l'unique et pauvre raison des influences de clocher a prévalu. Ce système n'en eût pas moins satisfait à tous les desiderata de l'idéal. Une étroite circonscription permettrait à toutes les candidatures de se produire aisément, efficacement et sans frais. Durant la période électorale, en relation immédiate et réitérée avec les compétiteurs, à portée de les voir, d'entendre et l'exposé de leurs titres et leurs réponses aux interpellations, de se renseigner à fond sur les moindres particularités de leur vie, d'y réfléchir et d'en conférer à loisir, chacun des électeurs, édifié sur les plus aptes et les plus dignes, pourrait, sans intermédiaire, déposer son bulletin en connaissance de cause. Le nom sortant de l'urne offrirait nécessairement, quel qu'il fût, d'excellentes garanties.

A ce propos, l'opinion est imbue d'une erreur spécieuse sur laquelle il importe d'autant plus de répandre la lumière que si, accréditée dans tous les rangs, elle indique pour les uns l'urgence d'une instruction obligatoire, elle sert aux autres d'argument contre le suffrage universel. En politique, l'ignorance est un vice commun, le partage des classes élevées aussi bien que des masses; et si l'on devait se défier, ce serait surtout des premières, mettant au service de leurs intérêts égoïstes la supériorité de leur développement intellectuel. Mais la question n'est pas là. Il ne s'agit ni de notions sociales, ni même d'études primaires. Tout citoyen a droit d'être représenté. Il lui suffit de l'instinct, à défaut de savoir, pour élire son mandataire. Or ce choix éclairé est accessible à tous dans les conditions ci-dessus déterminées.

Ce n'est point le lieu de nous étendre longuement sur les vertus du scrutin particulier. Ce thème mériterait un examen spécial, et, peut-être, vu l'opportunité, essayerons-nous, si nous pouvons disposer de quelque loisir, de revenir sur nos précédentes publications. En suivant le fonctionnement, on verrait comme conséquences importantes : les réunions communes; le vote affranchi de toute pression abusive de la part, soit du pouvoir, soit des comités; le modeste pionnier recherché dans son humble retraite, et figurant à armes égales dans une arène libre; les compétiteurs rivalisant de sentiments honnêtes et se rapprochant par les doctrines comme par les vues; l'entente absolue entre les mandants et les mandataires, et dans l'assemblée, délivrée de ces divisions stupides de droite, de gauche, de centres et de sous-centres, un concours de citoyens capables, loyaux, dévoués, ne relevant que de leurs électeurs et conspirant unanimement, non plus pour tel ou tel prétendant, mais pour la liberté, le salut et la gloire de la patrie. La fermentation électorale, engendrant l'émulation et la conciliation, tournerait d'ailleurs au profit de l'éducation, de la moralité et de l'émancipation de la population tout entière.

En un tour de main, notre sort pourrait être fixé, et quelle salutaire impression sur nos voisins? Que de soudaines richesses par la suppression aux trois quarts des armées permanentes et la multitude des bras rendus au travail! L'indication expresse est que les cercles électoraux soient assez restreints pour que chaque candidature s'y meuve sans obstacle et que l'édification des électeurs soit complète. Nous avons, dès le principe, estimé qu'une nomination devait être dévolue en moyenne à trois ou quatre cantons, selon leur force. Au delà, le choix perdrait en sincérité proportionnellement à la diminution des garanties. Le suffrage, dans les circonscriptions dérisoires de l'Empire, n'était qu'un leurre. A part les violences et les fraudes, les hommes désignés par l'opinion reculaient, dans l'impuissance de se faire connaître sur un trop grand nombre de points, et la nécessité de sacrifier, avec la presque certitude d'une défaite, 7 à 8,000 francs de propagande.

Le chiffre actuel des députés concorde parfaitement avec les prévisions logiques. Il n'appert pas moins qu'une assemblée unique, dont toute délibération porterait l'empreinte d'une maturité réfléchie, rendrait caduque cette conception monstrueuse d'une chambre de résistance, perpétuel foyer de discordes. M. Thiers a conservé sa foi dans la pondération des pouvoirs. Au moins voudrait-on savoir sur quoi elle se fonde. Or aucune trace ne prouve qu'elle résulte d'une analyse approfondie. Nulle part, il ne s'est posé carrément en face du sujet. Il s'est fait, à cet égard, une théorie comme on s'en fait tant, un peu au hasard des impressions. Avant que l'avenir du pays soit engagé à la légère, nous en appellerions de M. Thiers à lui-même, sur de sa résipiscence, s'il examinait, sans arrière-pensée le *pour* et le *contre*.

Peser impartialement le *pour* et le *contre*, ce devoir, pour revenir en terminant à mon ami, M. Daniel Gavet, incombe à quiconque veut découvrir la vérité des choses et les joints pratiques. Autrement, c'est en tout, et spécialement en politique, le choc des opinions sans lumière. Faute de cette boussole, plus d'un gouvernement, réputé habile, va au jour la journée, uniquement occupé à inventer des expédients pour vaincre les difficultés que crée sa marche chancelante. Des principes bien assis donnent seuls, avec la droiture des intentions, ce jugement ferme et conscient qui mesure son terrain et, esquivant le péril, n'a point à le conjurer. Il serait grand temps qu'on en revînt à des errements plus sensés. Lois et institutions, il semble qu'on prenne plaisir à les infiltrer de germes malsains, quand on devrait s'appliquer à y introduire la simplification et la justice. Tout le monde y est intéressé : autant les énergumènes qui nous les bâclent si inconsidérément, que ceux qui s'affligent de cette imprévoyante précipitation. Aman suspendu à la potence préparée pour Mardochée, Enguerrand de Marigny étrennant le gibet de Montfaucon, sont des exemples à ne pas oublier. Le chef des bonnets à poil vient de succomber à une attaque d'apoplexie. Oserait-on assurer que les tribulations qu'il s'est données ont été étrangères à l'événement? Songeons tous au quart d'heure de Rabelais, et remettons-nous en mémoire cette vieille et salutaire maxime :

« *Si bene feceris, mercedem recipies.* »